Yanetsy Ariste

La Decadencia sobre el Ser

Yanetsy Ariste

La Decadencia sobre el Ser

Aforismos disfrazados

JustFiction Edition

Imprint

Any brand names and product names mentioned in this book are subject to trademark, brand or patent protection and are trademarks or registered trademarks of their respective holders. The use of brand names, product names, common names, trade names, product descriptions etc. even without a particular marking in this work is in no way to be construed to mean that such names may be regarded as unrestricted in respect of trademark and brand protection legislation and could thus be used by anyone.

Cover image: www.ingimage.com

Publisher:
JustFiction! Edition
is a trademark of
Dodo Books Indian Ocean Ltd., member of the OmniScriptum S.R.L Publishing group
str. A.Russo 15, of. 61, Chisinau-2068, Republic of Moldova Europe
Printed at: see last page
ISBN: 978-620-3-57664-1

La Decadencia sobre El Ser

Por Yanetsy Ariste

A mis padres, por el regalo que es la vida

Nota de la autora

De la vida uno escapa hacia el surrealismo. La vida se enfrenta desde el surrealismo. Nada es más real que lo onírico. De los sueños todo lo tangible parte y se materializa; prospera como un hongo.

Succionamos lo irreal, porque de su ilimitada configuración brotan las palabras en su cauce, las palabras y las imágenes. La palabra es una imagen domesticada, la imagen una palabra incontenida.

Este es un libro de aforismos disfrazados, que exalta a la fantasía, donde usted, estimado lector, desterrará la autocracia de los esquemas.

El Principio

No es mito. Toda criatura y tiempo originales, fue creado por un Dios
Cada uno trazó su destino y olvidó el nombre de su creador.

El Origen de La Parca

Antes de la Gran Era (a.g.e) Akena, el pez dorado de las cavernas de Isolia fue venerado por las propiedades destructivas de su naturaleza voluble. En tiempos de sequía, azolaba el cielo de los aldeanos para taparles el astro y marchitar su aire con un turbio cántico que desprendía como niebla putrefacta. Akena, solo fue derrotado por la ternura de Dalila, la ladrona de sepulcros, quien, huyendo de los aguijonazos de los ofendidos, fue a refugiarse a los terrenos del pez.

La perseguida, sintió el calor de Akena como un abrazo enajenante. Su lazo duró el solsticio de medianoche en la profundidad inalterable de un capullo suspendido en la gruta subterránea.

De la sedosa membrana, emergió La Parca.

El origen del Ser

El surrealismo es un estado de ánimo, un modo de vida y muerte, el principio inmaterial de todo lo material; un país flotante donde se erigen templos por categorías de sueños y se estudia al potencial psíquico espiritual de sus hacedores. Una tierra fértil, regida por El Ser, la última quimera de la Gran Era.

Se desconoce el origen de este personaje. No aparece registrado ni en los más antiguos papiros.

El origen de La Decadencia

Llegó a ser comandante del ejército de los apátridas, pero fue mensajero de la Bestia y antes, en un tiempo borrado por la memoria, un simple caminante de tres cabezas (Pasado, Presente, Futuro), con la visión del antes, el ahora y el después. Una criatura omnipotente sobre el destino de sus contemporáneos, pero nunca de sí; moderadamente feliz y libre.

Su nombre le fue otorgado por el miedo de los que pidieron conocer su porvenir y despreciaron el vaticinio.

Pasado

La Creación toda va a parar a un mapa imposible, en el que las paredes son abominaciones laberínticas. Quien, en su mano, porta el boleto de retorno, termina lapidado allí, donde solo espigan los recuerdos.

Presente

El más exacto gobierno de las cosas fútiles
aupante de la precisión
como un puente de ojos entre los ojos
o una mano que casi roza lo divino

Futuro

Gran cabeza pitonisa de origen délfico
que sobrecoge a la ignorancia
de quienes no saben enfrentar el desgarramiento.

Cábala orgullosa
perentoria en esfuerzos.

La tierra conocida y el reino de La Parca

La tierra conocida abarcaba 20mil leguas, distribuidas concéntricamente respecto al primer árbol que plantó el Dios, mil años anteriores a la creación de toda especie. La basteza de sus raíces se reproduce en cada palmo. De él germinaron las criaturas originales. Hubo armonía; las formas aprendieron a convivir sin faltas ni reglas. Desconocían la gravedad y los bajos instintos. Su inocencia los privó de protección ante la llegada de La Parca.

Ella, Ninfa del Tártaro, Bestia, hizo del árbol milenario su trono y manipuló el nacimiento de fieles oficiantes. Esclavizó a La Decadencia por su visionaria estirpe y la empleó en su ambicioso ardid dictatorial.

Al Norte, entre húmedas montañas, se refugiaron las criaturas mitológicas y mortales: ménades, dioses menores, quimeras. En los pastizales del Este, los delineados bisontes paleolíticos y las jirafas de fuego. Al Sur, en la cuenca roja del lago, los hipocampos y los cetáceos sonoros. En las riberas selváticas del Oeste, se establecieron los reprimidos, los condenados: los apátridas.

Al centro de la tierra conocida, el dorado cristal de las arenas se tornó un nebuloso gris y el árbol que alguna vez fue frondoso, comenzó a deshojarse por las arremetidas telúricas.

El primer árbol

Matriz, punto cero, óvulo, mayúscula, círculo. Todo en su lugar progresa y fuera de él se extiende.

Génesis de lo arbitrario creativo, de lo imparcial recto.

Inauguración vitalicia.

Las criaturas al Norte de la Tierra conocida

Ménades y dioses menores han aprendido a habitarse; porque los cuerpos no se desligan del deseo. El amor es una libre asociación de contrarios. Fuera de él nada importa, dentro de él todo se concibe. Quien no sabe amar llegó al mundo sin armas.

Una quimera es también una constelación. Los seres la han colocado al Norte de sus cabezas para recordar que el camino es hacia los imposibles. La virtud es la conquista de lo irrefrenable.

En cada frente está tatuada una quimera: la mejor marca sobre la piel es la ambición.

Las criaturas en los pastizales del Este

Las líneas de bisontes paleolíticos pastan y se entregan al agua como a un jolgorio. El viento, baila con la yerba alta, también les eriza los contornos.
Las jirafas de fuego, salen de los lienzos para mudarse a la copa de los árboles. Han decidido mirar al mundo desde un microscopio.

Las criaturas al Sur, en la cuenca roja del lago

Los hipocampos hembras decidieron unirse a las amazonas y declararle la guerra al hastío. Los machos quedaron engendrando la nueva generación de guerreros. La paternidad moldea el pensamiento del mañana.

Los cetáceos sonoros ayudan a criarlos, rezando sus ancestrales cánticos de cuna para estimular la imaginación. Bien saben que nadie derrota las entelequias.

Las criaturas en las riberas selváticas del Oeste

Un reprimido en una selva es un pecíolo otoñal; un mar de condenados, en cambio, es otra cosa. El exceso de cualquier materia, contenida, termina por romper o desbordar.

La sentencia de La Parca

Se postran los súbditos frente a La Parca. Tres alabanzas enuncian en su nombre con un vapuleo de brazos. La arpía los observa complacida, con su medio rostro de mujer, desde el árbol milenario que corona el reino. Extiende sus alas, prepotente, y alcanza tres metros de maldad de punta a punta. Abre el pico carroñoso para pronunciar sentencia…

Socava el alma de los fieles ante la otra mitad de su rostro, nulo y vacío, pero escamoso como el cuerpo de los peces. Con él, genera las más terribles leyendas y petrifica la conciencia de los seres manipulables.

Nadie sospecha que La Parca alguna vez amó. Nadie sabe que vino al mundo, frágil y con ojos inocentes; que su medio rostro de mujer, fue alguna vez un rostro entero…

Pero, como ella, hay quienes no se recuperan del pasado.

Los súbditos

Lo que ordena el líder es insólito. Lo que hacen los seguidores, detestable. La falta de ideas debería censurarse al nacer, cortarse de tajo junto al cordón umbilical.

Sin creatividad, la tierra conocida es un paño estéril y desvencijado.

Maldad

Un abrevadero supurante yace en la esquina de cualquier sitio. Siempre tiene beodos y permanece atractivo ante los ojos de hipócritas que de él no prueban, pero babean contemplándolo.

Los mandamientos de la Parca

-El surrealismo es una tierra insumisa, poblada de seres que pujaron su nacimiento antes de su tiempo. Renuentes, avivadores, contestatarios, inhabilitadores del silencio. Nada que valga aportará su estirpe.

-El homicidio de un surreal está justificado. La tierra conocida no debe asimilar su esencia, ni perpetuar su palabra. Polvo surreal serán sus hijos, más polvo al fin.

-Condenad al líder y al honesto. Condenad al sabio y al justo. Condenad (caso estrictamente prioritario) al soñador.

Cobardes los que callan porque esconden. Los que esconden por hipócritas.

Los hipócritas, por serviles.

El siervo se inclina.

El hipócrita sonríe.

El que calla, otorga.

La Decadencia trae el aviso de pena de muerte al Ser

DECADENCIA: Soy el aviso. Morirá cada apátrida. Le serán guillotinados los pulgares y las muelas del juicio. ¡El que se oponga será eviscerado!

SER: No me opongo señor. ¿Cómo podría oponerse el río a su cauce? ¿Cómo podría yo, el más terrible surrealista, negar mi esencia? Los sueños no se cultivan en los jardines de la reina, no puede ella disponerlos, ni expropiarlos ¿Cómo podría una hoja resistirse al otoño? ¿Cómo podría yo, un Regente de lo Onírico, jurar bandera en Patria alguna? No puede el mar, encerrarse en un huevo. El sonido de la muerte es siniestro, ¡sí!, pero cuando ella otorga su beso al justo, su aliento es como la lluvia fría y húmeda. Soy leal al destino y leal a mí.

DECADENCIA: Como mensajero de La Bestia, poseo el maleficio del errante. Condenado a cargar en mi pecho otras dos cabezas: "el que soy" y "el que seré", sin poder intercambiarlas o deshacerme de alguna de ellas. Obligado a ser "el que fui" por todos los siglos que dure su reinado.

SER: Tu destino es más terrible que el mío, Decadencia... Mañana, cuando guillotinen mis pulgares y mis muelas del juicio...mañana cuando evisceren mis entrañas...seguiré siendo un apátrida... y tú, puedes dejar atrás "el que fuiste" ... ¡Toma mis alas!

La razón del ofendido anda desnuda entre la multitud, pero nadie la asiste. Es fatídica, fatua, fluctuosa. Once vírgenes le rezan para abonar su tránsito, pero escasamente se convierte en rebelión.

Un mártir la salva de su carácter sumiso.

Alas

Otro signo no destaca mejor su linaje, porque la Libertad es una palabra alta, con plumas.

La profecía del Ser

Desde el Norte amanece; el tíaso de La Parca me conduce a Simila. En duelo, las ménades le hacen el amor a los árboles y cada piedra se convierte en narciso. Son estas mis últimas palabras; con ellas proclamo míos los terrenos inhóspitos: lo inefable y lo inverosímil. Acepto mi muerte porque acepto la vida. Volveré a esta tierra multiplicado. Lloveré sobre el reino de La Parca hasta que germine, transcurridos cien años.

Debate de conciencia

(UNO): Teme a la verdad porque lacera
(CORO): No!
(UNO): La verdad es inestable, esquizofrénica.
(CORO): No!
(UNO): Áspera y profunda te besa con espinas
te abre como una escoba de palma que ara la tierra
¿Cuánta gentiliza esconde?
¿Cuánto beneficio?
(CORO): No!
(UNO): La verdad de la verdad
es más terrible.

Lo inefable y lo inverosímil son piedras lisas y frías en el pozo de la mente: hábitat de la humedad y el musgo en fino velo. Un golpe sobre ellas, solo puede multiplicarlas. Volverán a la tierra para recomponerse por siglos, hasta reaparecer como cantos pulidos.

Inhabilitar el silencio es profesar lo trascendente. Quien escoja quedarse mudo ante los acontecimientos es tirano de sí; quien esgrima la palabra tiene la obligación de propagarse y fertilizar.

Sin embargo, hay silencios contundentes como garrote.
Solo la pericia puede distinguirlos.

Pericia

Experta tiranía de la práctica, cuya heráldica es la autonomía.
Buscarla es un reto prolongado; hallarla, un caudal incontenible.

Palabras

No subestimen el poder de la palabra y los silencios.
Cada monasterio tiene sus celdas, la razón, sus batallas…
cada deseo, sus vocablos.

La traición de La Decadencia

¿A qué dios suplican los inmortales? ¿Quién reconforta mi espíritu? Es amarga mi suerte. He arrancado la esperanza a muchos, antes que, al Ser, pero sólo él me ha indicado dónde está la luz. ¡Vergonzosa mi cobardía, ante su rebelión! ¡Tontos, el arcipreste y sus oficiantes que lo penan! ¿De qué? ¿Por qué?, ¿De ser libre? ¿Por soñar? Lo contemplo sobre el ábside: sereno, hermoso; observa a los fieles con misericordia. ¡Tontos, los canónigos y La Parca; lo harán mártir! La ejecución del Ser será también una ejecución para la ninfa del Tártaro. ¿Cuánto tiempo para el fin de sus dominios? ¡Libre! ¡Quiero ser libre! ...El Ser llega a su último aliento, desprendidos las muelas y los pulgares. El tíaso se emborracha y vitorea. Beso boca y manos mutiladas. Tomo sus alas. Cargo su mortaja, para enterrarlo en la región de los apátridas. ¡Traidor!, llámenme así los impíos. ¡El traidor a La Bestia es un inmortal puro! Nunca traidor a sus doctrinas. ¡Levantaos El Distinto, El Diferente, El Único y seguidme! ¡Les mostraré el fin del reino oscuro!

Se ha perdido un inmortal en el alba

¿Quién puede salvarlo de la gloria?

¿Quién, en su sano juicio, puede impedirle que se funda entre los colores apastelados del rocío?

Solo se pierde en el filo, aquel que reconoce sus definiciones frente al espejo.

El Distinto

Aparece y refulge
Ninguna alquimia puede inmovilizarlo, como tampoco puede la ignorancia
Conoce su aptitud para lo disímil y siempre aboga por los reversos.

El Diferente

Tiene la nariz más larga, las orejas más rojas y la boca más noble, censadas alguna vez. Aprendió a resistir la perfidia y las burlas.

Es un vencedor de lo adverso que teje coronas de flores debajo de los abetos.

Reconoce el aleteo de las mariposas y los movimientos astrales debajo de sus plantas.

El Diferente es la proa en el apurado galeón que llamamos existencia.

El Único

Es, entre la multitud, la aguja; de la zona, el confort, de la arena que se precipita, el tiempo. Vale su dosis de singularidad, su prescripción al contraste.

Suma de no complementarios

Agresión visual

Insensatez

No necesita esforzarse para diferir.

Existe y basta.

No olvidan los que olvidan por olvido.

La desmemoria es también una elección.

El Himno de los Apátridas

¡Sacrifiquen las armas y el sudario!
que arriban los hidalgos dadaístas
retiren los claveles del osario
dedicados al Regente surrealista

¡Llegan ya, ya llegan los templarios!
contemplad sus destellantes armaduras
portan el emblema solidario
del que aún muerto, perdura

No destinen coronas ni laureles
al sepulcro del Ser que dio su vida
derrotad mejor, a los infieles
¡Unámonos a la guardia en la abatida!

El enfrentamiento de los ejércitos

Guiados por La Decadencia, zarpas, garras, patas, aletas y pies se multiplican a través de las riberas selváticas, de regreso al centro de la tierra conocida. Su paso retumba en la rama de La Parca, anunciándole la llegada. El ejército de los apátridas librará la batalla de sus vidas contra otro ejército, menos numeroso, pero mortal. Los bandos deberán pelear en el terreno de la imaginación. La Ninfa del Tártaro, prepara las pesadillas más terribles; los apátridas portan majestosos sueños.

La Pesadilla

teme al yo

El inconsciente amenaza cuando la conciencia pernocta;

en el punto más tenue revelamos nuestra esencia.

Batalla

Torrente de luz, de sombras
al que llamamos convicción

Sueño es cantera
y látigo perfumado
sueño es ganas de amenazar el desdén con el rostro acerado de los dientes
es parto doloroso
contusión en el limbo creativo de los profetas
Sueño es verde, azul y todos los colores del zodíaco
salto al vacío, sin tragedias

En la tierra conocida nada muere: los caídos reencarnan, los apátridas vencen

No existe mejor arma que un sueño.

Reencarnar

es poder decir "sí", donde estuvo un "no"
Otra vez

Perseverancia

Tozudez con la que algunos golpean muros con la cabeza
Constancia para esperar la grieta, y en ella, el albor.

Apátridas

Seres con residencia en sí mismos

Individuales, inconstantes, insubordinados, impredecibles. Autónomos, arriscos, audaces, animosos. Censurables, magníficos, cabezones, insólitos.

Apátrida de los cuatro elementos, de la regencia, de los signos espinosos, de los lienzos familiares. Ápatridas contra las personas avestruces, y a favor de los desempolvadores de sueños. Ápatridas contra las vitrinas, contra las rutinas, contra los no anhelos.

Ápatridas protestantes, sublevándose al nada hacer

En este mundo, solo trascienden los que persisten

El Final de La Parca

La que tiene medio rostro de mujer e hizo parir al Mal sus siervos, ya no estrangula al árbol milenario, ni proclama leyes homicidas. Un puñado de soñadores frenó su desvarío. Ahora trashuma en los confines de la imprevisión.

Cuidado- allí también abrazará a sus víctimas.

Desvarío

tiene el Desvarío una profunda sed
de mirto y cascabel
de seda, hierro, espuma
tiene en sus manos la mugre de los ricos
y en sus rodillas, la repletes de los desprovistos
Al azar escoge sus heridos
llenándolos de besos espirales, que crecen o cierran
 ilimitados

El Final de La Decadencia

Bien puedes cambiarte el nombre, Decadencia
pues, sobreviviste al yugo y al temor
Tú, la más pura de las visiones
brava comandante de exiliados
Nada pérfido en tu ser impide que de tus manos
surjan racimos de esperanza.

El Final de El Ser

En el cuenco de un cráneo, en la uña desgarrada de una quimera, en los rizos de la cola de león, en una muela petrificada, en el ojo perdido de algún inmortal…

habita lo increíble.

Para el lector, un epílogo

La fantasía es una obligación como respirar. Llénate de quimeras para batallar contra lo cotidiano. No aceptes imposibles. Vida es conjunción de desaciertos, pero también, fila consecutiva de decisiones.
¿Quién dijo que un traje amarillo y unas botas azules no combinan? Sé tú mismo un regente surrealista: el Distinto, el Diferente y el Único. La existencia es breve como para autoimpedirte sobresalir.

Los sueños, no son solo sueños.

Printed by Books on Demand GmbH, Norderstedt / Germany